$\begin{matrix} 51 \\ 4696 \end{matrix}$

Lb

(Par Nicolas _Chatelain_, de Rolle,
dans le canton de Vaud, Suisse.)

INDIGNATION D'UN AMÉRICAIN.

(Par Nicolas Chatelain de Rolle, ancien canton du Vaud (Suisse.)

GENÈVE. — IMPRIMERIE A. L. VIGNIER,
Maison de la Poste.

INDIGNATION

D'UN AMÉRICAIN

AU SUJET DE

MM. DE CHATEAUBRIAND ET PERRIER.

« Le mépris de l'influence morale est une
maladie qui attaque tous les hommes d'état;
tant qu'ils ont pour eux le fait matériel, ils
rient de la moralité de l'action : ils en rient
jusqu'au jour où la conscience populaire se
réveille et devient un grand fait à son tour . »

Paris,

CHEZ TOUS LES MARCHANDS DE NOUVEAUTÉS.

MAI 1832.

Monsieur,

J'apprends en ce moment, par des nouvelles d'Europe, qu'un libraire de Paris se propose de rassembler toutes les brochures auxquelles a donné lieu la grande question soulevée par M. de Chateaubriand. On est à la veille, m'écrit-on, d'en faire une jolie édition portative, fac simile, portraits des auteurs, etc.

Si quelques malheureuses pages, que m'ont arraché l'indignation et l'amour de la France, où j'habitai autrefois, et dont je conserve le plus reconnaissant souvenir, arrivaient encore à temps pour que vous y puissiez jeter un coup d'œil, je vous prierais d'ajouter ce faible travail à la suite des autres opuscules comme le moindre des frères, vous laissant liberté plénière de retrancher ce qui vous paraîtrait inconvenant.

Nous avons en Amérique des forêts incomparablement plus belles que les vôtres, des rivières dans lesquelles vos plus beaux fleuves se perdraient comme de la monnaie dans un sac d'écus; surtout nous avons quelques espèces d'animaux malfaisans que *vous ne connaissez pas en France ; mais ce que vous avez, Monsieur, et beaucoup mieux que nous, c'est le goût, le tact, le sentiment des convenances. Quand un Américain est de mauvaise humeur, il* appelle un chat un chat, et Rollet un fripon.

Chez vous on ne nomme plus ainsi les choses par leur nom, on les désigne par périphrase.

Pour ce qui est de mon portrait, par une sorte de coquetterie je ne vous l'envoie point ; je suis trop décrépit. Le fréquent usage des annanas, granadiles, papayes et pomplemouses a altéré ma constitution ; ajoutez qu'un travail obstiné, peut-être ingrat, sur le scorpion et le lapin m'a fait vieillir avant le temps : même en mettant ma plus belle robe de chambre de Perse et mon bonnet de nuit à jour, je ne pourrais soutenir le parallèle avec les portraits que sans doute vous lithographiez à l'instant où j'écris.

Archibald HOWLS.

Avis de l'Éditeur.

Il ne serait pas impossible que l'esprit de critique qui a présidé à cet opuscule, basé exclusivement sur la vérité des faits, nonobstant qu'il doive son existence à une question déja vieille, n'eût conservé les graces de la nouveauté. Tacite et Juvénal ont près de deux mille ans ; on les dirait contemporains de Paul-Louis Courrier et de MM. Méry et Barthélemy.

On ne rencontrera ici ni la profondeur de l'historien ni l'urbanité du poète ; il y a je ne sais quoi de l'âpreté et de la rudesse de ces pays où se trouvent ces immenses arbres que la cognée a toujours respectés. Peut-être la hache de la critique aurait-elle bien fait de tomber sur quelques-unes de ces pages ; mais du moins reconnaîtra-t-on partout un cœur droit, un esprit bien intentionné. — Quant à la permission que nous a donnée l'auteur de faire des changemens et corrections, bien qu'effectivement nous eussions désiré retrancher certains passages, nous n'avons pas cru, dans l'intérêt du lecteur, devoir faire aucuns sacrifices. A nos yeux une laideur piquante est préférable à une fade régularité : aussi sommes-nous d'avis que, même après les brochures de MM. Vincent, Fonfrède, Plougoulm, etc., l'honnête Américain peut encore se dire : *Anch' io son pittore !*

AVANT-PROPOS.

Autrefois le pouvoir était tout, l'opinion n'était rien ; de nos jours l'opinion est tout, le pouvoir n'est plus rien que par persuasion ou conviction. L'homme qui a de l'éloquence est plus puissant que le roi avec son sceptre, et celui qui a de fortes et de grandes idées gouverne plus réellement les masses que ne le fait un premier ministre.

Sous Louis XIV, il pouvait y avoir quelque jouissance à être l'organe des volontés du souverain, surtout comme l'étaient Colbert et Louvois ; mais actuellement que l'analyse a été poussée jusqu'à la fureur, on pourrait mettre en doute si un décrotteur ne serait peut-être pas plus considéré que celui qui porte les paroles royales. Messieurs Perrier et Sébastiani me paraissent au carcan. N'ont-ils pas effectivement le collier de fer ? Le parti de l'opposition ne leur jette-t-il pas des pommes cuites, et quelque chose de pis ? Je ne dis pas absolument sans raison. La faute n'est pas plutôt commise que le soufflet administré par les journaux est là, tant la célérité de la presse se rapproche de la rapidité de la parole.

En effet on ne saurait être trop sévère, trop rigoureux envers les hommes publics, les hommes d'état. Pourquoi aspirent-ils à être hommes publics, tandis que souvent ils n'ont pas même la dose de facultés et de qualités qu'il eût fallu à l'homme privé pour gérer ses affaires? Qui les oblige à être ministres? Une soif ridicule du pouvoir, jointe à une impardonnable présomption. Et de pareils hommes exigeraient des respects, voudraient des égards !!!

Prétendre faire les destinées d'un état, celles de tout un peuple, oser se charger du sort de 25 à 3o millions d'hommes n'est pas bagatelle : et de même qu'on a le droit de siffler un chanteur pour une ariette mal exécutée, à combien plus forte raison un ministre qui compromet le bonheur de l'État, qui fait échouer sa prospérité par la pauvreté de ses calculs, la pusillanimité de ses vues, ne mérite-t-il pas d'être hué? Oui, on ne saurait éprouver trop de regrets de ce qu'ayant eu à la main de si belles cartes on ait refusé de les jouer.

Ah! si le duc de Nemours eût enfourché le premier cheval qui se fût rencontré sous sa main, qu'il fût arrivé à toute bride en Belgique, et eût dit : «Mes amis, je suis à vous à tort et à travers, soyez à moi de même, vive Henri IV et la Belgique!» quelle occasion de répandre à jamais sur sa

personne et sur la France un lustre ineffaçable !! *
Comme Charles XII l'eût saisie cette occasion, et
comme il se fût écrié en entrant dans ce beau pays :
« Dieu me l'a donné, le Diable ne me l'ôtera pas. »
Pour moi, quand je n'aurais eu qu'un méchant
âne sauvage, j'aurais piqué des deux pour Bruxelles.

Tout ceci que prouve-t-il en dernier résultat ?

L'extrême importance du choix des hommes à
qui les rois accordent leur confiance... Wellington,
Metternich, Perrier, quels conseillers ! Je ne leur
appliquerai pas ce qu'on a dit de Judas, qu'il leur
eût mieux valu n'être jamais nés, mais j'affirmerai
bien qu'il eût été à souhaiter pour le bonheur des
peuples, même pour leur propre gloire, que ces
trois ministres ne fussent jamais sortis de l'obscurité. Ce qui prouverait au surplus sans réplique,
combien ces hommes sont dans le *faux*, et leur
conduite est un garant de ce que nous allons affirmer, c'est que si l'on avait pu leur offrir de jouer
le rôle de nos immortels Washington, Francklin,
Adams, il est plus que probable qu'ils eussent
dédaigneusement refusé. ** Mieux mille fois qu'un

---

* Qui nous empêchera de croire que le Roi, obligé par rapport à
ses alliés de se montrer ostensiblement fâché de cette héroïque esca-
pade, au fond ne l'eût approuvée, que l'opinion n'eût forcé la main
au gouvernement, et que toute la France enchantée n'eût applaudi ?

** On nous objectera que les talens d'un Washington, d'un Adams,
d'un Francklin, quelque supérieurs qu'ils fussent, n'étaient pas ce
qu'il fallait à l'Angleterre et à l'Autriche monarchiques. En accor-
dant un moment cette proposition, qui ne conviendra du moins que
les trois grands hommes de l'Amérique, placés au timon des affaires de l'Angleterre et de l'Autriche, n'eussent fait un emploi
tout autrement *moral* de la science du gouvernement ?

roi gouverne par lui-même, arrive que pourra. S'il fait bien la louange lui en appartient. Le blâme-t-on? il l'est pour ce que personnellement il a voulu faire. Est-il faible? on ne lui reprochera pas du moins une faiblesse empruntée, c'est quelque chose.

Tout commentateur d'un bon mot est un sot, vérité reconnue. La brochure de M. de Chateaubriand au sujet du bannissement de Charles X et de sa famille, étant un corollaire de bons mots, d'épigrammes et d'effroyables ironies, les commenter serait se rendre passible de l'adage ci-dessus. Mais cet ouvrage renfermant d'ailleurs du raisonnement, des argumentations, l'allégation de plusieurs faits essentiels, c'est avec un extrême plaisir que sous ces rapports nous avons vu des écrivains exercés en polémique se charger de cette tâche pénible, et les réfuter d'une manière victorieuse; aussi n'est-ce que sur deux ou trois points omis (par hasard ou à dessein, ce que nous ne voudrions point affirmer), que nous relevons le gant et nous établissons son commentateur. Peut-être avant d'aller plus loin, serait-il convenable de s'apprécier soi-même.

« Qui n'a été dans le cas d'observer dans une belle forêt,
« qu'après de grandes pluies, ces arbres majestueux se cou-
« vrent, se blasonnent, pour ainsi dire, de productions végé-
« tales, de teintes différentes, depuis le vert pâle jusqu'au
« vert foncé le plus brillant, le plus suave. Nées en quelque
« sorte d'un changement d'atmosphère, ces productions,

« filles de l'air, nourries par cette humidité féconde, s'ap-
« proprient une substance, une vie aussi frèle, aussi momen-
« tanée qu'au contraire l'existence de l'arbre même est solide
« et durable. »

Quelque éloigné que je sois de m'assimiler à un person-
nage aussi éminent que l'auteur du Génie du Christianisme, c'est avec orgueil que j'ai retrouvé dans l'écrit de
l'illustre exilé une partie de mes opinions. Toutefois il en
est que je ne saurais partager, entr'autres celles où il con-
clut à ce *qu'il est urgent que la France se réconcilie avec
la branche aînée des Bourbons ; 2° que le pape soit le vieillard le plus estimable de l'Europe ; 3° ce fameux passage
où il a si cruellement dû blesser le cœur de son roi.*

A la solidité et au coup d'œil pénétrant de Montesquieu,
l'ex-ministre réunit parfois la gaîté piquante de Beaumar-
chais ; mais quand on a fait l'aveu de cette vérité, on reste
stupéfait de l'usage que l'auteur en a fait. Comment employer
tant d'or à couvrir une statue d'argile ? Ai-je bien lu ? tout
ce charmant luxe d'esprit, toute cette force de pensée pro-
diguée à nous prêcher les Bourbons, à nous préconiser cette
race plus dégénérée encore que déchue ! Nous ne citons
point un régicide comme *régicide*, nous le citons comme
homme raisonnable. Les *Bourbons*, disait Louvel, *ne sauraient convenir à la France :* grande pensée, mot profond
que la semaine de juillet a confirmé. Malheureusement
cette *mémorable semaine* n'a pas eu l'assentiment de M. de
Chateaubriand, depuis il a tout fait pour en détruire les
succès et invalider les résultats.

On ne saurait nier que le gouvernement n'ait fait des
fautes, des *fautes graves.* Cela saute aux yeux, et il n'était
pas besoin de l'esprit du vicomte pour l'apercevoir. Tout
en convenant qu'il était difficile qu'un homme* qui n'avait

* M. Perrier.

pu rêver qu'il devînt premier ministre, gouvernât sans faire de cavilles, il est également de la justice de convenir que, sans avoir atteint au mieux possible, l'administration actuelle aurait pû faire moins bien encore. Le ministère Martignac n'était pas sans quelque mérite, il était tolérable et tendait à s'améliorer. Or, il n'aurait accordé qu'avec une circonspection excessive, une lenteur désespérante ce que le ministère, sous la raison *Perrier*, *Sébastiani*, nous a donné promptement. Il est vrai, ces concessions sont bien autant le résultat de la peur que le fruit de la conviction, mais ce ministère, tel qu'il est, on lui a plutôt des obligations qu'on ne lui doit savoir mauvais gré de ce qu'il a fait. Les ministres pourraient dire que M. de Chateaubriand est un grand homme tracassier, un génie-commère. Au reste, qu'un grand homme soit commère, n'empêche pas qu'il ne puisse tenir beaucoup aussi du conquérant. L'un et l'autre croient que tout leur est permis, que rien ne peut leur résister. Partant de ce principe, ils vont toujours en avant jusqu'à ce qu'une faute capitale venant à révéler leurs torts, leur fasse expier leurs succès passés par la témérité présente. S'obstinant à cueillir de nouvelles palmes qu'on ne lui demandait pas, l'auteur d'Attala a risqué d'en perdre plus d'une glorieusement acquise.

BOURBONS,

SPÉCIALEMENT DE CHARLES X.

———

Et d'un tronc fort ILLUSTRE une branche POURRIE.
(BOILEAU, Sat. v.)

Est-ce avoir fait un pas vers la civilisation, c'est-à-dire vers le perfectionnement des institutions sociales, qu'un Français puisse dire et imprimer à la barbe de son roi, qu'il est un intrus, que son droit au trône n'est nullement valable, ou bien la faculté de pouvoir faire de vive voix, par écrit, même par voie d'impression un tel aveu, d'oser soutenir une pareille opinion, est-ce un pas rétrograde ?

Je serais franchement, moi, pour la première de ces opinions, sauf qu'il me semble que M. de Chateaubriand fait, dans son pamphlet, une fausse application du principe. Ce qu'étaient les sarcasmes de Voltaire en matière religieuse, les paradoxes

2

de M. de Chateaubriand le sont en matière politique. Pour peu qu'ils eussent d'esprit, les hommes les plus pieux ne pouvaient s'empêcher de rire des mordantes plaisanteries que le vieil impie lançait contre la religion; mais pour tout cela, ils n'en étaient pas ébranlés dans leur foi et n'en perdaient point leur croyance. De même est-il impossible de ne pas rendre hommage aux couleurs brillantes dont le vicomte revêt ses sophismes. Néanmoins, ébloui un moment par ses traits satiriques, finit-on par trouver que nombre de ses tropes ne sont nullement concluans. Remarquons, en passant, que ces talens supérieurs se laissent volontiers aller par entraînement à de fausses démarches; démarches auxquelles de petits esprits, même des esprits médiocres, par cela seul qu'ils ne sauraient les comprendre, échappent infailliblement : nous voulons dire qu'à force de flexibilité, de grâce et d'imagination, cet art de voir et de tourner les choses sous toutes leurs faces, fait qu'on ne tient plus compte ni à soi, ni aux autres de ce mérite d'une si haute importance : d'*être conséquent*, de ce sentiment que nous appellerons *caractère du bon sens et de la bonne foi*. Par exemple, si M. de Chateaubriand eût un instant consulté la *simple raison* et non son *imagination fougueuse*, jamais il n'eût songé à nous recommander la famille déchue.

Comme on l'a dit : « Ce sont les antécédens qui établissent l'état actuel dont on a à se louer ou à se plaindre. »

Les énormes dépenses faites sous le règne de

Louis XIV amenèrent les faux systèmes de finances dont la France presqu'entière fut victime sous le Régent. — Or, en reprochant avec acrimonie à la mémorable semaine de juillet le décri des effets publics, le discrédit des valeurs négociées à Paris, en un mot la baisse des fonds, M. de Chateaubriand semble à dessein avoir oublié que ce manque de confiance, ce malaise général qu'on a pu remarquer, doit être attribué à deux causes. La première, que sous Louis XVIII et surtout sous Charles X, bien des personnes, par une folle confiance dans un gouvernement qu'elles s'étaient imaginé devoir être éternel, avaient étendu leurs affaires au-delà des bornes de la prudence; voyant venir l'orage, elles plièrent les voiles un peu brusquement. La seconde, plus grave que la première, c'est que les bonnes têtes, connaissant les effroyables dilapidations du gouvernement et craignant que la confiance ne fût en partie basée sur le vide, par une peur plus sensée encore que celle des premiers, se hâtèrent de réaliser, de retirer leurs capitaux.* Il n'en faut pas tant pour enfoncer une machine.

Prenons la première feuille périodique qui nous tombe sous la main; qu'y verrons-nous? Sans aucun esprit ni séduction, des faits, des résultats effrayans. A l'appui de ce que nous avançons, nous allons donner un sommaire (puisé en bonne source) des dépenses des Bourbons, depuis la restauration jusqu'à la déchéance de Charles X, et l'on

* Voir note 1.

se convaincra d'autant mieux comment le passé a pu constituer le présent.

« Nous aurions pu, en toute justice, faire entrer « dans notre récapitulation les sommes que nous « a coûté la révolution de juillet, dont Charles X est « le seul et véritable auteur, et les dépenses occa- « sionées par les brigandages que ses partisans or- « ganisent dans la Vendée; nous aurions pu citer « au moins pour mémoire nos souffrances commer- « ciales qu'il faut attribuer en très-grande partie aux « intrigues politiques d'une race de dévorateurs qui « ne peut se résigner à lâcher sa proie. Mais nous « manquions à cet égard de données bien précises, « et nous ne voulions présenter à nos lecteurs que « des résultats mathématiques.

« Les voici tels que nous avons pu les recueillir. « Nous ne craignons pas d'assurer d'avance qu'ils « sont plutôt au-dessous de la vérité qu'au-dessus; « car nous avons fait certainement beaucoup d'o— « missions. »

Cession de 22 vaisseaux de ligne, de 11 mille canons, d'une foule d'arsenaux, de places fortes et d'une quantité innom- brable de munitions et de matériel de guerre de toute nature, faite aux alliés en 1814, d'un trait de plume et avant l'as- sentiment du roi et des Chambres, par S. A. R. Mgr. le comte d'Artois, pour ob- tenir la rentrée de sa famille en France... fr. 500,000,000

Dettes de Louis XVIII et des princes, payées par la nation 30,000,000

Report............... fr. 530,000,000

Pour les neuf premiers mois de 1814.. 19,510,000

Pour 1815................... 3o,700,000

Pour 1816, déduction faite de 11 mil-
lions abandonnés par le roi et les princes. 23,000,000

Pour 1817, déduction faite de 5 millions
abandonnés................ 29,000,000

Pour 1818, déduction faite de 2 millions 200,000 fr.............. 31,800,000

Pour les années suivantes, jusques et
compris 1824, sur le pied de 34 millions,
ensemble.................... 204,000,000

Pour les dernières années, jusqu'en 1829
inclusivement, sur le pied de 32 millions,
ensemble.................... 160,000,000

Pour sept mois de 1830, sur le même
pied..................... 18,670,000

Produit du sceau des titres depuis 1814
jusqu'en 1828, époque à laquelle des plaintes réitérées obligèrent la liste civile à re-
noncer à ce genre de produit.......... 4,200,000

Perte éprouvée par la Monnaie sur les
faux louis fabriqués à Gand dans les cent
jours, et reçus dans les caisses pour la valeur nominale par ordonnance royale du
mois d'août 1815................. 25o,000

Restitution aux émigrés en 1814 de
biens réunis aux domaines de la nation et
qui auraient fait face aux dépenses du trésor..................... 800,000,000

Secours aux émigrés de 1816 et 1817.. 1,800,000

Dilapidation du domaine extraordinaire,
dont le produit en terres et en bois s'élevait à 10 millions. Les Bourbons s'en

Report............. fr. 1,852,930,000

étaient emparés sans disposition législative et de leur autorité privée. En 1817, M. Casimir Perrier publia à ce sujet une brochure très-vive, dont le résultat fut de forcer la famille royale à restituer ces domaines. Mais au moment de la restitution, au lieu de 10 millions de revenus, il n'en existait plus que 1 million 100,000 fr. Le reste du capital avait été dévoré en deux ans, pour le déficit.................... 263,333,334

Emprunt forcé frappé sur la France en 1815............................... 100,000,000

Contributions de guerre pour libération du territoire......................... 700,000,000

Frais d'occupation pendant trois ans, à raison de 150 millions par an.......... 450,000,000

Produit du domaine de la Couronne pendant 16 ans, sur le pied de 5 millions par an. L'évaluation est bien modeste. Le président du Conseil, dans un rapport tout récent, n'a, il est vrai, porté ce revenu qu'à 3 millions 500,000 fr.; mais cela provient de la mauvaise administration. Nous devons compter ce que nous avons perdu et non ce qu'ils ont touché............ 635,980,000

Guerre d'Espagne.................... 400,000,000

Indemnité accordée aux émigrés par la Chambre et le ministère déplorables..... 1,000,000,000

Solde des gardes-du-corps et de la maison militaire des Bourbons. Cette milice était complètement inutile au pays, et aurait dû être salariée par la liste civile. Nous n'avons pas tenu compte des milliers d'of-

Report............. fr.5,402,243,334

ficiers que la maison du roi jetait dans
l'armée, et qui ont surchargé les cadres et
écrasé nos finances ; pour le solde seulement.................................... 48,670,000

Mariage du duc de Berry........... 1,500,000

Construction d'une nouvelle salle d'O-
péra, aux frais de l'Etat pour une moitié,
et de la ville de Paris pour l'autre, à la
suite de la mort du duc de Berry........ 6,000,000

Funérailles de Louis XVIII........... 6,000,000

Voyage du roi de Naples, dont les frais
restent à notre charge................. 354,128

Argent distribué aux troupes suisses et
autres pour massacrer le peuple de Paris
en juillet 1830. Il avait été envoyé du trésor à cet effet 421,000 fr. ; mais le temps
ayant manqué pour la répartition, il est
rentré dans les caisses 49,949 fr.......... 371,051

Voyage de Cherbourg. — Remise de
600,000 fr. en or à Charles X, suivant quit-
tance du sieur Boulet de Saint-Aubin, vi-
sée par l'ex-roi lui-même............... 600,000

Pour dépenses de nourriture, frais de
poste, solde de troupes, licenciemens et
autres objets......................... 687,209

Total........ fr. 5,466,425,722

Ainsi, c'est en moins de seize années, c'est en
pleine paix, et ayant la publicité en regard, qu'une
seule famille a dévoré la somme énorme de cinq
milliards et demi. Les chiffres parlent trop haut
pour que nous ne nous abstenions pas de toute ré-

flexion à ce sujet ; nous n'en ferons qu'une seule. Cet effroyable capital, qui n'a pas suffi aux besoins de quelques individus, puisqu'ils ont laissé des dettes, est à peu près égal au revenu de la France pendant six ans (en le portant à 900 millions), à celui de l'Autriche pendant dix-huit ans, à celui de la Prusse pendant vingt-cinq ans, à celui du Danemarck pendant cent quarante-neuf ans.

Quand on compare ce gaspillage à l'ordre établi dans le ménage de Napoléon, à la comptabilité exacte et rigoureuse de sa maison, on ne peut que s'étonner que, d'une part, tant d'exactitude ait pu s'allier à tant de gloire, de l'autre, tant de profusion à tant d'avilissement. Nous ne citerons au sujet du premier qu'une particularité que nous tenons du comte de N....... que personne assurément n'accusera de bonapartisme. Il nous contait un jour que lorsqu'il s'agissait d'une augmentation de linge de table pour le service de la maison de l'empereur, celui qui était préposé à cette partie faisait sa demande par écrit, et, au moment où il annonçait que la pile de serviettes allait être déposée, la pile d'écus pour les payer arrivait *.

---

* Pour prouver d'ailleurs combien M. de N......., malgré cet hommage rendu à la vérité, était sincèrement attaché à la maison de Bourbon, quelqu'un s'étant plu à faire l'énumération des Rois dont la France avait eu éminemment à se plaindre, le comte ne voulut admettre aucune exception. On demanda néanmoins la permission d'éliminer Louis XIV pour ses profusions et ses persécutions. Non! dit-il, c'était un *Bourbon !* Et Louis XV, à qui l'on peut en grande partie reprocher d'être la cause prochaine de cette révolution que vous déplorez à si juste titre ? Non! répartit M. de N....... (après un moment d'hésitation); car c'était un *Bourbon !* Et

De ces aperçus, il conste que les Bourbons, sous le rapport des finances, n'ont pas plus été un sujet de bénédiction pour la France qu'ils n'en ont été un sous celui de la gloire et de l'administration. S'ils se fussent contentés d'être les dilapidateurs de la fortune publique; si à cette faiblesse de donner et de répandre d'une manière inconsidérée, faiblesse qu'ils ont eue de commun avec bien d'autres princes, ils eussent du moins réuni des qualités essentielles, l'amour de la patrie, un désir ardent de sa gloire et de sa prospérité extérieure, on aurait pu à la rigueur leur pardonner. Mais que penser d'un homme qui vous dit d'une manière charmante et tout-à-fait française: « Mes amis, en France, rien de changé, il n'y a qu'un Français de plus, » et peu d'années après, ne se souvenant plus de ce qu'il a dit, fait tirer à boulets rouges sur ces *mêmes amis* par sa garde et par la main mercenaire des étrangers? Bon Dieu! quel *Français de plus!* Et voilà l'homme, la famille qu'on voudrait nous imposer! ce sont les personnages qu'on désirerait bénignement nous faire reprendre, avec lesquels l'on voudrait nous faire contracter une nouvelle alliance, un nouveau pacte! des gens qui ont la dépense dans le sang et le parjure dans les veines!!!

Larmoyant toujours sur le sort des Bourbons, aimant à grossir les inconvéniens de leur position, les dangers auxquels leurs courses aventureuses pour-

Charles IX, Monsieur, Charles IX, vous me l'abandonnerez du moins? Non! s'écria-t-il d'une voix forte; *car c'était aussi un* Bourbon!!!

raient les exposer (ils n'en feront aucune), M. de Chateaubriand, selon son habitude, son inclination et sa politique, feint de croire que si un naufrage jetait un jour Charles X sur les côtes de France *, il ne serait pas impossible qu'il n'y subît le dernier supplice, que sa tête blanchissante, repoussée par les vagues, ne prononçât encore des paroles attendrissantes comme celle d'Orphée prononçait *Euridice! Euridice!!* Pour nous, qui ne partageons pas cette opinion, nous doutons fort qu'elle répétât autre chose, d'une voix plaintive, que *Rotschild! Rotschild!!* **

Certainement je respecte jusqu'à un certain point les opinions et même les préjugés d'un homme tel que M. de Chateaubriand; mais pour les intérêts mêmes de la cause qu'il défend, revenir sans cesse et avec une sorte d'emphase insultante pour ceux qui n'ont rien de pareil à offrir sur le prétendu avantage d'avoir eu pendant mille ans des rois de même race, d'avoir vu le sceptre conservé pour ainsi dire pendant dix siècles dans la même famille, nous paraît peu adroit. Après tout, quand le fait serait exact, qu'est-ce que cela prouverait sinon que les Français ont été d'une bonté et d'une facilité qui va jusqu'à la duperie. Quand parmi des rois d'une même race on doit compter un Louis XV, un Henri III, un Charles IX, sans compter Charles X qu'on donne par-dessus le marché, certes il n'y a ni à se vanter de sa gloire, ni à se vanter de son bonheur. D'ailleurs nous douterions de la jalousie

---

* Voir brochure de Chateaubriand, pag. 83.
** Voir note II.

des peuples nos voisins, qui, comme nous le voyons par leur histoire, n'ont eu rien de pareil à nous offrir dans leur gouvernement. Ce qui prouve à quel point ils sont loin de nous porter envie, c'est la marche toute contraire à la nôtre qu'ils ont suivie, en changeant de dynastie, témoins les Anglais, les Suédois, les Bataves, même les Portugais*. On sait combien tous ont gagné au change.

Il serait absurde de prétendre que la maison d'Orléans recueille maintenant le fruit des crimes de *Philippe-Egalité*. Rien de plus injuste et de moins fondé. Charles X n'avait qu'à ne point promulguer ses quatre ordonnances, jamais la branche actuellement régnante n'était en possibilité *d'essayer du trône...* Israël, tout ton mal vient de toi ! Voilà ce qu'il y a à répondre à ce roi déchu et à ses adhérens. S'il fallait encore une autre réponse au parti carliste, Molière pourrait ici, sans aucune profanation, ajouter son autorité à celle des Saintes Ecritures. Tu l'as ! Réduisons les choses aux moindres termes. Il est notoire que Louis-Philippe n'employa ni la force ni la ruse pour monter sur le trône, et lors même qu'il eût voulu les employer dans les circonstances présentes, elles n'auraient pu lui servir à rien. Ces moyens, dans l'état des choses, l'en auraient plutôt éloigné que rapproché. Non ! c'est uniquement l'impéritie de son parent, cette impéritie seule mêlée de la plus inconcevable audace qui a tout fait en sa faveur. Si nous fussions

* Le Portugal, conquis par Philippe II en 1580, chassa en 1640 ses abominables maîtres les Espagnols.

demeurés sous le régime du Paganisme, dans l'ancienne Rome, Louis-Philippe en conscience eût été obligé de dresser des autels à l'ineptie de Charles X; nuit et jour l'encens le plus pur eût fumé, et je ne dis pas qu'à leur tour les ministres n'eussent eu un jour dans l'année où leur image ne reçût quelque coup d'encensoir. Au reste, si l'on a à se plaindre grièvement de Charles X, ce prince de son côté pourrait aussi élever des plaintes fondées. Dans aucun cas possible, le roi n'était comptable ni devant le peuple ni devant la loi. Quelque inepte et coupable que fût Charles X, d'après la Constitution, il était inviolable. Le *roi ne peut mal faire*, est une maxime d'état. Il fallait donc s'y tenir cramponné et punir les ministres; eux seuls étaient responsables, leurs têtes servaient de cautionnement à la sûreté publique.

Qu'a-t-on fait au contraire? On a sauvé les ministres et expulsé le roi, tandis que pour être d'accord avec les principes, il eût fallu conserver le roi et décapiter les ministres. Je dirai plus, nonobstant que le droit de faire grâce appartînt d'après la Charte au chef de l'état, cette fois le roi, en bon père de son peuple, n'en pouvait et n'en devait point user. En effet, quel droit le monarque avait-il de trafiquer de clémence, de soustraire au glaive ces têtes coupables? Si tous les pères et mères, enfans, frères et sœurs, qui venaient de perdre ce qu'ils avaient de plus cher, eussent volontairement renoncé à faire peser la peine capitale sur la personne des ministres, soit, on pouvait transiger et

passer outre; mais naturellement exclus de la délibération, ils demeuraient dans la plénitude de leurs
droits. Long-temps on se repentira de n'avoir pas
tranché la tête au moins à M. de Peyronnet et au
prince de Polignac. Par de la plate sensiblerie et
de l'injustice on a tout gâté *. Ceci nous porte à
parler d'une autre sorte de ministre, de M. Marmont, gouverneur de Paris. Certes c'est de celui-là
que Charles X aura éternellement à se plaindre.
Jamais, avec de si faibles moyens, le duc de Raguse
n'aurait dû s'être chargé d'une aussi haute responsabilité que la défense et la conservation de Paris.
Avant la promulgation des quatre ordonnances, il
aurait dû rapprocher de la capitale des forces plus
imposantes que celles qui y étaient, ramasser tous
les Suisses en garnison à Orléans et aux environs,
poster ces derniers aux débouchés des faubourgs
St.-Antoine et St.-Marceau; ces populations y eussent songé à deux fois, avant de sortir de leurs
quartiers, surtout si les Suisses eussent eu de l'artillerie. Rien de tout cela n'ayant eu lieu, il était
impossible de résister au peuple. On n'a commencé
à se battre que lorsqu'il était déja trop tard pour
vaincre; et s'il faut le dire, M. de Marmont a fait
de ses troupes, sans comparaison, comme quelqu'un
qui lance un tigre contre ses ennemis, mais qui le
retient par la queue. Malheur aux demi-mesures
et à ceux qui les emploient! tout ce qui approche
d'eux devient victime. Le duc de Raguse en a fait

---

* Nous ne prétendons pas, dans ce que nous venons d'énoncer
sur la peine capitale, avoir exprimé notre opinion personnelle.

trop ou trop peu. Il devait avoir de quoi mitrailler tout Paris ou ne rien faire. Tous les meurtres qu'il a occasionés ont été gratuits; il n'a point su utiliser sa férocité. Tibère lui eût tiré la langue, mais il était digne d'être le ministre d'un autre Claude.

Aujourd'hui on se plaint en France, on y est triste, mélancolique, découragé du tour que prennent les affaires, on murmure... Je le crois bien! on a tout fait pour cela. Se lamenter et gémir serait ajouter la niaiserie à l'incurie. Il eût fallu prévoir et prévenir; maintenant il n'est plus qu'à réparer et raccommoder du mieux qu'on pourra. Le mot *raccommoder* est triste à l'oreille du Français; on ne se doutait guère, lors de la mémorable semaine de juillet 1830, qu'on aurait eu à le prononcer en avril 1832*. Aussi la déconsidération dans laquelle la France est tombée au–dehors, et l'anarchie dans laquelle elle risque de s'abîmer au–dedans, tiennent comme nous venons de le voir à une seule et même cause, *la fausse route où l'on s'est engagé*. Mais, comme l'a si admirablement dit le noble pair, tout pouvait se réparer encore par un BAPTÊME DE GLOIRE. Ce moyen si précieux, on l'a laissé échapper; les regrets présens font remonter aux regrets passés, quoique bien inutilement. Garder, soutenir Napoléon, tout extravagante que fut la campagne de Russie, voilà ce qu'il eût fallu. — Personne, au moment des désastres de la France, n'aurait dû se permettre des reproches contre son chef.

* Le manuscrit portait février : nous avons cru y devoir substituer avril.

PAPE.

On ne connaît pas toujours ceux que l'on loue.
(La Rochefoucault, Max.)

Après avoir vu à quel point un roi, puissance purement laïque et par conséquent mondaine, a pu porter la folie des dépenses, on a quelques droits d'être surpris que des reproches de même nature puissent s'adresser avec tout autant de fondement au successeur de saint Pierre, puissance purement ecclésiastique, qui, par le caractère de sa vocation, aspire au titre de *sainte*. Mais ce n'est pas là le seul grief que l'on peut élever; il en est d'autres d'une nature bien plus délicate encore.

M. de Chateaubriand, sans amener aucun antécédent qui justifie de sa façon de voir et de s'exprimer, nous dit, dans sa brochure d'octobre 1831, page 58 : « Grégoire XVI est à la fois un des hom- « mes les plus savans et un des princes les plus « éclairés de l'Europe. Ses sujets ont tout à es- « pérer de ses lumières et de ses vertus. » — Voyons

un instant comment ces paroles se trouvent justi-
fiées par la conduite du pape, c'est-à-dire par sa
probité, sa justice et son humanité, vertus indis-
pensables à un vieillard de son rang, homme qui
a déja un pied dans la fosse, et qui est sur le point d'aller rendre compte de ses actions au Juge Suprême.

Jetons d'abord un coup d'œil sur le premier chef
d'accusation, sa *probité*.

Quel jugement porter d'un vieillard qui vient de
recevoir une forte somme dans le but de payer
des dettes justement reconnues, et qui, loin de
l'appliquer à l'extinction même de cette dette, l'em-
ploie à de tout autres usages?

Lorsque le royaume d'Italie s'écroula, le gouvernement pontifical hérita d'une valeur active des
biens domaniaux qui ne s'élevait pas à moins de
dix millions d'écus romains (54 millions de francs).

Les dettes qui tombèrent à sa charge étaient de
six millions d'écus (32 millions de francs). Le
gouvernement pontifical n'a pas payé les dettes du
royaume d'Italie. Il a donné aux moines et aux
religieuses presque tous les biens domaniaux, et,
en quinze années d'une paix parfaite, il a contracté une dette de cinquante-quatre millions d'écus
(290 millions de francs). Si les lois commandent
d'enlever aux prodigues, aux fous et aux incapables
l'administration de leurs biens, parce qu'ils ne savent
les administrer, ne serait-il pas plus juste encore de
mettre sous tutelle un gouvernement qui dévore le
bien d'autrui?

Si les faits que nous venons de préciser sont vrais,

et nous défions qui que ce soit de nous administrer les preuves du contraire, faut-il d'autres moyens de conviction pour prouver à M. de Chateaubriand qu'il est impossible de partager l'opinion qu'il a et du grand sens et de la probité du pontife. Assurément personne plus que nous n'eût été porté à respecter la personne du saint Père prise abstractivement; mais c'est avec douleur que nous voyons que le successeur actuel de saint Pierre est loin d'être un de ces princes dont Voltaire a dit:

De nos jours des Ursins a mérité des temples.

Tout l'esprit du vicomte n'ayant pu jusqu'ici parvenir à justifier les dépenses exorbitantes des Bourbons ni les prodigalités du pape, de même son génie serait-il insuffisant à disculper la conduite oblique du saint Père touchant les affaires de Portugal. Ceci nous conduit naturellement au second chef d'accusation, la *justice*.

Nous qui connaissons Sa Sainteté par expérience, ne pourrions partager un jugement aussi flatteur que celui que lui donne M. de Chateaubriand. En effet, qu'est-ce qu'un souverain pontife qui met en délibération, non si c'est le cas de fulminer une bulle d'excommunication contre l'usurpateur du Portugal (heureusement les temps en sont passés), mais l'accueil plus ou moins gracieux, plus ou moins honorable qu'il conviendra de faire à son ambassade? Accordera-t-on à l'ambassadeur une audience secrète ou publique? sera-ce la main couverte ou découverte qu'on l'admettra à baiser? Le majordome sera-t-il chargé d'offrir *una collazione* ou seulement des *rinfreschi*? (et que l'on songe tout cela pour le représentant d'un PARRICIDE). Il est vrai, ce parricide offrait de l'argent. — Grand nombre d'évêchés et autres autorités ecclésiastiques à la nomination du Portugal, soumis à la confirmation de Sa Sainteté, se trouvaient depuis long-temps vacans dans ce royaume, et il est à observer que chaque promotion rapporte considérablement à la cour de Rome. Il est des évêchés dont l'expédition de la bulle coûte jusqu'à dix mille piastres, d'autres moins; jamais au-dessous de trois mille. Le trésor se trouvait épuisé et les finances de l'état dans le plus grand embarras. Don Miguel ne l'ignorait pas, et crut devoir profiter de cette circonstance pour engager le pape à le reconnaître, en lui faisant adroitement insinuer qu'après cela il procéderait à la nomination des évêchés en question. On fit donc entendre à Sa Sainteté qu'à cet effet il y avait déja de déposé une somme d'environ 200,000 piastres qu'il ne dépendait que d'elle de toucher. Cette somme était bien tentative dans l'état de détresse où l'on se trouvait. — Le pape effectivement en fut séduit. Or, d'après ceci, l'ambassadeur de Portugal ne devait-il pas naturellement s'attendre à une reconnaissance *pure* et *simple?* point du tout. La subtilité italienne, qui ne désempare pas plus de la tête d'un romain moderne que la grandeur d'ame ne désemparait de la tête d'un romain ancien, vint bientôt au secours du saint Père. Tout en entendant une pluie de sequins tomber dans ses coffres, il observe, il *distingue* qu'il peut bien en conscience reconnaître don Miguel *roi de fait*, mais impossible à lui de le jamais reconnaître *roi de droit*. — L'ambassadeur stupéfait (l'argent était livré) aurait volontiers arraché les yeux au pape; il fallut se contenir. On éprouve quelque volupté à voir un vieux trompeur qui passe pour être *saint* attraper un parricide qui passe pour être *légitime*. Si le vice a ses jouissances, la vertu a ses rires. *

La manière dont le pape a su enfreindre les règles de la justice et de la probité n'ayant rien laissé à désirer, faut-il s'étonner qu'il ait encore su trouver moyen de violer tout aussi ouvertement la vertu la plus strictement imposée au sacerdoce, *l'humanité*. Troisième point d'accusation.

Pour mettre au fait le lecteur, il suffira de lui rappeler que le pape, après avoir promis à la république de Bologne de lui donner une constitution plus libérale, s'en repentit aussitôt, et, qu'en ayant conféré avec le cardinal Albani, il fut décidé que le meilleur moyen de manifester son *repentir* était

---

* Notre correspondant nous manda peu de jours après : « L'écusson aux armes de Portugal a été outrageusement barbouillé pendant la nuit sur la porte du palais de l'ambassade portugaise. Mgr. Capeletti, gouverneur de Rome, l'a fait immédiatement remplacer, et le cardinal secrétaire d'état s'est empressé de témoigner à l'ambassadeur toute la peine qu'a ressentie le pape de cet événement. » Avec plus de sagacité et de prudence, le cardinal Bernetti aurait prévenu la possibilité d'un pareil outrage et en eût préservé S. M. T. F. en refusant, comme ses prédécesseurs, de le reconnaître. Cette fois la canaille de Rome, plus connaisseuse en morale que Sa Sainteté, lui donna une leçon dont malheureusement elle ne profita point.

de faire marcher des troupes et de mettre à la tête Son Éminence. Reprendre les choses dès le principe serait fastidieux, le public en étant instruit.

Forly, le 26 janvier 1832.

« Les scènes épouvantables dont notre ville et celle de Césène ont été le théâtre font ici une sombre impression.

« Obligée, pour se composer une petite armée, de recruter des soldats parmi les malfaiteurs et les condamnés des bagnes *, la cour de Rome n'a pas compris qu'il lui serait impossible de faire fraterniser de pareilles troupes avec la population, et que des brigands, ainsi réunis en bandes armées, se livreraient à des désordres et à des crimes qui atteindraient également les amis et les ennemis du souverain pontife.

« Les premiers excès des pontificaux ont été commis près de Césène. Ils ont envahi le couvent de la *Madona del Monte* où tout a été dévasté ; il n'est pas resté un seul meuble, une seule relique. Les moines qui habitent ce couvent ont à peine échappé à la mort.

« Les soldats les ont cherchés dans les caves et dans les jardins, tous avaient disparu. Les défenseurs de l'Eglise romaine sont entrés dans la chapelle du couvent ; ils ont commencé par dépouiller de ses

* L'on n'est admis à l'honneur du bagne qu'après avoir justifié de cinq ou six meurtres au moins.

riches ornemens la statue de la Madone; ils ont ensuite enfoncé à coups de crosse la porte du tabernacle et ont pris le calice. Deux villageois qui s'étaient réfugiés dans cette chapelle ont été tués; les marches de l'autel sont encore teintes de sang.

« A Césène, vingt-deux pères de famille, trois enfans au berceau et plusieurs femmes ont été immolés. On ne sait pas encore le nombre des jeunes gens qui ont péri; il est considérable. Les maisons des comtes de Routvella, Guidi et Néri ont été pillées; presque toutes les autres maisons de la ville ont été saccagées dans la première nuit. — Ici nous ne dormons pas depuis six jours. Il n'y a point eu cependant de nouveaux massacres, parce que les officiers autrichiens ont menacé les pontificaux de les chasser du pays. Nous attendons à chaque instant l'arrivée d'un corps de troupes autrichiennes; celles-ci du moins observent la discipline.

« Une proclamation a été publiée hier par le cardinal Albani. Toujours le même langage; des paroles pleines de clémence et de modération en présence des plus infâmes brigandages, et pas un seul regret sur les massacres. Il sera bien difficile d'installer les troupes du pape dans la Romagne.

« Leur présence donnera lieu à des émeutes et à des révoltes continuelles. Comment pourrait-il en être autrement lorsque la population sait que ces troupes ne sont entrées que dans deux villes, et que toutes deux ont été livrées au meurtre et au pillage?

« Puisque le journal du Saint-Siége, dit le *Constitutionnel* du 13 février 1832, cherche à rejeter sur la population les crimes des pontificaux, nous ferons connaître des profanations que nous avions cru devoir taire par une sorte de pudeur ou de respect pour la religion. On a vu à Césène et à Forly les soldats de la sainte Eglise romaine prendre le saint-ciboire et les saintes huiles. A Césène, les hosties consacrées ont été jetées dans le sang de deux villageois assassinés sur les marches de l'autel. A Forly, les soldats ont mangé les hosties, et ont répandu l'huile sur leurs bottes; ils accompagnaient ces actions des plus horribles blasphêmes; et cependant ces mêmes défenseurs de la sainte Eglise romaine avaient reçu la bénédiction du cardinal Albáni; ils s'étaient, suivant l'usage, *confessés* et avaient *communié* avant la bataille. Depuis que les troupes autrichiennes sont ici, la plus parfaite tranquillité règne dans la ville. Les Autrichiens partagent la haine de la population contre les papalins; le fait suivant en offre la preuve :

« Le 27 au matin, le lendemain même de leur arrivée, les commandans autrichiens donnèrent l'ordre aux troupes du pape de quitter les postes et de se retirer dans des bâtimens qu'on leur assignait pour casernes. Les papalins refusèrent; mais alors les Autrichiens, au nombre de 1300 hommes, vinrent se ranger sur la place, en face du principal poste. Un officier se présenta en sommant les papalins de se retirer. Ceux-ci voyant que toute résistance était impossible, évacuèrent le poste à l'instant. La même chose eut lieu vis-à-vis tous les autres postes, et sur tous les points; la population indignée, accompagna les pontificaux de huées et de sifflets. On criait aux *assassins!* aux *assassins!* et ce cri était répété par les Autrichiens.

« On écrit de Bologne le 8 février 1832 : « L'administration du cardinal Albani est à la fois censurée par la cour de Rome et par les commandans autrichiens. Rome la trouve trop modérée et les généraux de l'occupation trop rigoureuse.

« Les généraux autrichiens, pour diminuer le nombre des victimes, favorisent la fuite des citoyens les plus compromis. Le commandant de la place avait déja délivré le 7 février 768 passeports, qui, presque tous, avaient été refusés par le cardinal légat. Ancône et Livourne voient chaque jour partir ces réfugiés. Deux repas de corps ont été donnés dans cette ville par le général qui commande l'armée d'occupation. Les officiers de la garde civique, dont le cardinal Albani a prononcé le licenciement, ont été admis à ces deux fêtes. »

« On lit dans une autre lettre d'Italie : « Albani a distribué un grand nombre de médailles du nouvel ordre de St.-Grégoire. Beaucoup de pontificaux en ont reçu pour leur belle conduite à Césène; le meurtre, le viol, le pillage ont ainsi leur récompense. Il est tel soldat de la sainte Eglise romaine qui portera la décoration du pape pour avoir profané le temple et assassiné les fidèles au pied du tabernacle. Une compagnie de papalins, envoyée à San Michele in Bosio (colline qui domine la ville de Bologne), pour célébrer par des salves d'artillerie l'anniversaire du couronnement de Sa Sainteté, a tiré une centaine de coups de canon; après quoi les pontificaux, n'ayant rien de mieux à faire, ont enfoncé les portes de deux maisons de campagne situées sur le penchant de la colline, et ont allumé avec les boiseries un grand feu de joie qui a été alimenté au moyen de quelques arbres coupés dans les jardins. » *

Par ce qui vient d'être allégué ci-dessus, au sujet de la moralité du St. Père, que M. de Chateaubriand nous vante si pompeusement dans ces paroles déja citées : « Grégoire XVI est à la fois un des « hommes les plus savans et un des princes les plus « éclairés de l'Europe; ses sujets ont tout à espérer « de ses lumières et de ses vertus. » — L'on voit quel fonds il y avait à faire sur l'HUMANITÉ, la PROBITÉ, la JUSTICE du pape; et d'après cette manière *si judicieuse* d'apprécier les vertus du saint Père, le moyen d'accorder la moindre confiance à M. de Chateaubriand quand il nous préconise les *vertus*, les *facultés* des Bourbons et la *convenance* de les reprendre !

Pour en finir, résumons ces trois chefs d'accusation.

Si les princes avaient eux-mêmes le moindre grain d'humanité, de justice, de probité, quelle

---

* Ces détails nous ont été certifiés par une des premières maisons de Rome, avec laquelle, tout exprès, nous avons soutenu un commerce de lettres à ce sujet; et ce qui prouve d'ailleurs combien d'autres particularités, puisées dans un des papiers français investi à plus juste titre de la confiance publique (*le Constitutionnel*), méritent effectivement de créance, c'est que les uns et les autres s'accordent parfaitement entre eux.

est la conduite qu'ils auraient à tenir en ce moment envers le chef de l'Eglise? En user comme plusieurs fois cela a déja eu lieu dans l'histoire; déposer le pape qui, en qualité de puissance, a si étrangement abusé de son pouvoir; de ministre de la religion, si manifestement violé toutes les règles de *l'humanité*. On l'a dit, mais il est bon de le répéter, l'existence du pape est en *théologie, en morale et en politique*, une monstruosité qui n'aurait jamais dû avoir existé, et qui n'a jamais amené que des maux. Trois causes coopérèrent au maintien de sa longue durée: *l'ignorance, l'apathie, des vues particulières*. Tant que le *droit divin* subsista dans toute sa force, le pape était l'homme nécessaire à toute puissance catholique, régnant par la *grace de Dieu*, surtout LL. MM. Très-Chrétiennes, Catholiques et Très-Fidèles prenaient à Rome leurs bulles de confirmation. C'étaient les *temps d'ignorance*.

Au dix-huitième siècle, où la philosophie avait commencé à dessiller les yeux à tout ce qui a quelque faculté de penser, l'*apathie* (système à la tête duquel était Louis XV) laissa néanmoins subsister l'œuvre que l'ignorance avait jadis commencé, et depuis lors toujours plus stabilisé. Arriva enfin Napoléon. Etabli au gouvernail des affaires du monde, il n'eût dépendu que de lui de proscrire le souverain pontife, de terminer sa carrière politique; mais Napoléon, qui avait une horreur secrète pour l'idée de la *volonté générale*, aima encore mieux avoir de feintes obligations et recevoir des graces imaginaires du pape, que de reconnaître nulle part en Europe la *souveraineté du peuple.* Contre sa propre conviction il laissa donc tout *in statu quo.* Ce fut l'effet *des vues particulières.*

Bonaparte, comme chacun sait, ne lisait guère l'histoire qu'en vue d'y puiser des pensées, des projets qui pussent lui profiter. Quelquefois pourtant ils ne lui profitèrent pas, témoin l'histoire de Crassus et de Charles XII, où il aurait dû avoir lu d'avance sa propre destinée : mais ce qu'il aurait dû surtout avoir remarqué, c'est que, dans l'histoire des Juifs, pure théocratie, ni les Lévites, ni même Aaron leur grand-prêtre, ne possédaient un pouce de terrain. Or ce qui, dans la plus haute antiquité, était d'institution divine aurait dû, semble-t-il, servir de modèle dans les temps subséquens à toute institution humaine, où les prêtres étaient mêlés, et Bonaparte par cela seul aurait pu faire militer cet argument en sa faveur.

SPECTRE.

—

C'était pendant l'horreur d'une profonde nuit.
(Athalie, Act. II.)

En ne voyant personne, parmi les critiques du pamphlet de M. de Chateaubriand, relever cette apparition sanglante * dont il a cru, sinon pouvoir humilier, du moins inquiéter le roi des Français, nous avons bien reconnu dans cette unanimité toute la délicatesse de tact par rapport au sentiment des convenances. Assurément cette manière de sentir, à laquelle le Français a toujours été fidèle, le place à la tête de toutes les nations; il montre qu'aucune révolution, pas plus celle de 1830 que celle de 1789, ne saurait altérer chez lui la politesse du cœur. Pour nous qui, en qualité d'Américain, sommes encore loin de cette civilisation et nullement sous l'obédience du roi des Français, nous avons cru pouvoir aborder franchement la question, sans manquer en rien aux égards dus à ce monarque.

* Voir la brochure de M. de Chateaubriand, pag. 81.

Si, à l'imitation de mon noble modèle, je voulais me jeter dans les FIGURES, faire du Shakespeare, je ne laisserais peut-être pas de trouver bien des choses, car de rêver des apparitions qui réunissent l'horrible au comique n'est pas chose difficile. Moi-même, n'en eus-je pas une il y a peu de jours dont le souvenir m'effraie encore? Il me semblait voir l'intérieur de la chambre à coucher de M. Perrier. Le ministre, faiblement éclairé à la lueur d'une lampe, était enseveli dans un profond sommeil. Tout-à-coup une odeur singulièrement spiritueuse s'annonce vers la porte. Celle-ci s'ouvre avec une lenteur imposante. A la manière de tourner sur ses gonds, il y avait quelque sorte d'appareil... Qu'aperçois-je? un spectre s'avançant avec gravité... Je crois reconnaître le fantôme... C'est Necker revenu de chez les morts!.. Troublé à tout moment dans ce repos que depuis nombre d'années il goûtait, inquiété surtout des jugemens fâcheux, des incriminations par rapport au ministère de M. Perrier, qui lui rappelait si vivement la carrière que lui-même avait parcourue, il n'avait pu davantage résister à son impatience de le visiter incognito. Jusqu'ici privé de son corps glorifié, il avait dû vaille que vaille s'accommoder de celui qu'il avait dans sa tombe. Collé contre la paroi dans un silence respectueux, je prête une oreille attentive... Le spectre approche du lit, tirant les rideaux.. « Dors-tu Perrier, dors-tu? dit-il d'une voix sourde... Je suis Necker... Je présidai jadis aux destinées de la France; maintenant c'est toi qui y présides... » (Il lui tâte le pouls et dit tout

s:) Sa chûte sera pire que la mienne. (Pendant
'il compte les pulsations.) « Personne ne m'a
ndu une entière justice; les uns m'ont trop loué,
s autres trop déprécié... Quoi qu'on ait pu dire,
mais je n'eus la puérile vanité des cœurs étroits,
e souvent on m'imputa. J'ai aimé la gloire, il est
ai, mais comme les ames généreuses l'aiment lors-
'elle est compagne de la vertu. J'ai eu tort, je l'a–
ue, de me laisser aller au charme décevant des ac-
amations populaires... je n'aurais pas dû descendre
grand escalier pour jouir de l'enivrement de la
ule. Je ne sentis point alors quel coup mortel je
ortais à un monarque qui, changeant à chaque
stant de mesures de gouvernement, et toujours
sens opposé à la volonté manifestée et aux vérita-
les intérêts du peuple, était plus sujet qu'un autre
u retour de l'opinion; à un roi qui se laissait tou-
urs surprendre aux instigations d'une épouse cou-
able et d'un frère aussi léger que perfide. Une autre
ute dont on charge ma mémoire, un autre grief
u'on m'a reproché, c'est d'avoir fait voter par *tête*
on par *ordre*. Je ne me donnerai pas la peine de ré-
uter un reproche qui, depuis que le gouvernement
eprésentatif existe, est devenu pour moi un éloge;
on idée en renfermait un avant-coureur, une
orte d'esquisse. Mais peut-être où j'ai eu un tort
lus réel, c'est ma facilité pour l'expédient des em–
runts (c'était la mode du temps). Une ressource
ien meilleure sans doute aujourd'hui est l'impôt
oncier... Quels adversaires n'avais-je pas à com-

battre? Le clergé, la noblesse, Maurepas, le comte d'Artois.

« Si je ne saurais prétendre à être placé parmi les grands ministres, du moins puis-je espérer de me voir compter un jour au nombre de ceux dont les intentions étaient pures. Combien n'êtes-vous pas plus coupable! rien ne vous entravait, rien n'embarrassait votre marche; point de billets clandestins, adressés par une main auguste, arrivant au milieu d'une délibération du Conseil, et faisant en une minute évanouir le fruit de deux heures laborieusement employées à la prospérité de l'Etat; point de prince s'opposant aux plus justes réductions, aux économies les plus urgentes (il s'attendrit). Oui! fidèle aux habitudes de ma vie, je m'attendris en songeant à mon zèle pour le bonheur et la gloire de la France, cette France que j'ai tant aimée et qui m'a payé d'une si noire ingratitude! (Reprenant toute sa supériorité.) Mais vous, assurément vous ne risquez pas qu'à votre égard elle soit jamais ingrate... Je pourrais avoir eu plus de génie; vous, vous n'avez pas même eu l'esprit d'à propos!.. Et la Belgique! (il pousse un cri) la Belgique! malheureux! vous l'avez laissé échapper vous et vos pareils! c'est un tort irréparable: quelle responsabilité, quelle accusation!! On pourrait bien la trouver plus grave encore que celle de *haute trahison*, et par cela même qu'au moment où elle était tout naturellement à vous, n'en avoir pas pris possession, par cette incapacité, par cette impardonnable incurie vous avez été tout près de rendre un roi la fable de l'Europe.

Grand Dieu! avoir risqué de rendre ridicule un roi de France!... Quel supplice faudrait-il infliger à un tel ministère? La loi du tallion serait insuffisante... Certes cela est bien pire (la postérité le considérera comme tel) que d'avoir contracté quelques faibles emprunts au fond pour sauver la nation, que d'avoir inconsidérément descendu quelques marches. (A ces mots, le sommeil du ministre paraît angoissé, il s'agite convulsivement.) Et les Polonais! les Polonais! les avoir abandonnés! C'est la plus lourde faute qui ait jamais été faite sous aucun ministère. *

« Misérable! savez-vous ce que c'est qu'un cancer? Une glande enflammée qui, lorsqu'elle vient à s'ouvrir et qu'elle épanche toute l'âcreté de ses sucs venimeux, entraîne avec elle la dissolution absolue de toutes les parties du corps qui l'avoisinent, et bientôt l'organisation entière. Voilà comme vous avez placé la Russie au centre de l'Europe. Tremblez pour votre affreux avenir. (Lui pressant un peu l'artère) La défaillance est complète... il faut qu'il ait prodigieusement *travaillé* hier soir. (Elevant la voix.) Sais-tu pourquoi, infâme prévaricateur, tu n'as pas voulu, dans ta prudence à courtes vues, permettre à la France de secourir la Pologne? c'est que tu craignais que la France elle-même, plus forte et plus libre, ne te secouât en récompense de tes vues méticuleuses sur la Belgique. Grand ministre, j'ai voulu te contempler dans ton néant!... Tu te retireras... oui! tu te retireras... couvert du sang des Po-

* Voir note III.

lonais et de la boue des Parisiens. (Reprenant avec le ton de la plus profonde mélancolie.)

« Spectre, depuis long-temps calmé sur les vains intérêts de la terre, qui ne devrais plus éprouver ni les affections ni les tourmens des humains, et qui, par ma nature, n'ai plus rien de commun avec eux, faut-il qu'à la vue de cette maison où l'incapacité a usurpé le pouvoir, où un pygmée a cru se saisir de la massue d'Hercule, je sente de nouveau bouillonner dans mon sein tous les sentimens d'indignation qui agitent les mortels ! Oui, il faut que je te baise parce que je te hais;.. il faut que je t'embrasse parce que tu me fais horreur; (le spectre monte sur le lit) il faut que je sache quel goût a un *Perrier*. (Descendant brusquement et s'essuyant la bouche, il espace ces paroles:) *Richelieu, Mazarin, Fleury, ni le cardinal d'Amboise* ne prendront fantaisie de m'imiter. » (Il disparaît.)

Ce que M. Perrier a souffert, les plus affreux cauchemars n'en approchent point. Le lendemain, il eut un instant l'idée de résigner son portefeuille. On le résignerait à moins.

Par cette esquisse, un peu trop soignée peut-être, on voit qu'il n'était pas impossible de donner à M. de Chateaubriand la monnaie de sa pièce, et même de cacher sous les apparences fantastiques de la nécromancie quelques vérités utiles.

Après s'être amusé un moment de cette phantas-magorie, convenons qu'il est pitoyable qu'un génie tel que M. de Chateaubriand se soit abaissé à de pareils moyens; pourquoi faire? pour émouvoir la conscience d'un roi. Quand une mesure politique est reconnue, par la forte majorité, bonne et utile, aucune considération secondaire ne doit empêcher de la suivre, de l'adopter. Ainsi, lors même qu'on né saurait nier que le père du roi actuel n'ait malheureusement pris part à la condamnation de son parent Louis XVI, il n'en convenait pas moins à l'intérêt de la France actuelle que Louis-Philippe acceptât la couronne, les antécédens n'étant d'aucune valeur et ne pouvant être pris en considération quand le présent commande. Si le dessein formel de M. de Chateaubriand n'a pas été de timorer la conscience de Sa Majesté, il a donc agi par un motif plus répréhensible encore; le dirons-nous? il a eu le but le plus coupable qu'un citoyen puisse avoir, la guerre civile. Mais ce n'est pas tout. Être de deux bords est vil, cela fait *tache d'huile*. Il n'est point d'esprit, point de génie qui puisse mettre un homme à couvert du blâme d'*inconséquence*; aussi nous avons été peiné de ne pouvoir nous soustraire à la conviction que M. de Chateaubriand s'était rendu coupable à différentes reprises de ce délit. Au commencement de la restauration nous avions lu, comme tout le monde, les lignes que M. Plougoulm et la contemporaine viennent avec raison d'exhumer. Cette exhumation-là me paraît devoir tirer à des conséquences bien plus fâcheuses pour la réputation de M. de

Chateaubriand que l'exhumation des ossemens de Louis XVI ne l'a été pour ses juges. Ceux-ci peuvent s'être trompés, trompés même cruellement; ils étaient du moins conséquens.

L'inconséquence, quelque grave qu'elle soit, on pourrait peut-être encore la pardonner. Montaigne, Rousseau, furent *inconséquens*, et, qui pis est, s'en vantèrent. Si ce n'est pas là des argumens exacts, des autorités, ce sont du moins des exemples. Mais ce dont je ne connais point d'exemple parmi les hommes de lettres, c'est l'*infamie*. Je ne saurais marchander sur le terme d'avoir servi à condamner le maréchal Ney... Ney, le brave des braves, qui, d'après la capitulation de Paris, devait se croire à l'abri de toute recherche et inculpation du passé. Car, de deux choses l'une : ou les alliés avaient le droit de stipuler comme ils ont fait, ou ils ne l'avaient pas. S'ils ne l'avaient pas, ils étaient imbécilles de prendre des engagemens que le roi de France pourrait avoir l'*arrière-droit* et l'*arrière-pensée* de mettre en doute ou d'invalider, ou bien ce droit leur était acquis par suite de *conquête* ou d'*invasion*. Il leur avait été reconnu et concédé par Louis XVIII, et si effectivement cela eut lieu comme il est de fait, à revenir sur ses déterminations, il y avait et duplicité et lâcheté, ce fut une action à déshonorer un particulier. Et l'auteur d'Attala et du génie du Christianisme en signant la mort de Ney se fait le complice de cette duplicité, de cette lâcheté cruelle (ceci étant de notoriété)!! Quand M. de Chateaubriand aurait fait et l'oraison funèbre de *Madame* et celle du *grand Condé*, je ne lui en retirerais pas moins toute l'estime que je me serais plu à lui vouer comme magistrat suprême. *

. . . .

. . . .

. . . .

Si l'on pouvait savoir à quel point j'ai été lié avec M. de Chateaubriand, on comprendrait combien il doit m'en coûter de le combattre, tout au moins de le contredire; mais les droits de la vérité sont imprescriptibles, ils vont avant tout.

Que de fois je me suis promené avec lui le long de l'Ohio! que de réflexions poétiques et philosophiques je lui ai entendu faire au pied de la cataracte du Niagara! Ces jours de délices, hélas! ne reviendront plus. Et ce que nous avons pêché ensemble dans le lac Ontario!.. Depuis lors je me suis enfoncé plus que jamais dans mon obscurité, et M. de Chateaubriand a acquis une réputation européenne.

Tel le jeune émérillon peut, dans des temps éloignés, avoir fait la connaissance de l'aigle qui, novice encore et s'ignorant soi-même, l'avait admis dans sa familiarité : l'entraînant de rocher en rocher, il lui fait franchir de médiocres précipices; mais, bientôt appelé à de plus hautes destinées, l'aigle va joindre

---

* Ce que nous venons de dire n'infirme point qu'il eût été bon et même juste d'excepter le maréchal Ney et le colonel de Labédoyère de l'amnistie; ne les ayant point exceptés d'avance, ce fut une infamie, une indignité de ne les pas recevoir au bénéfice de cette mesure de clémence que prescrivaient aussi bien la politique que l'humanité. — Ney avait encouru le blâme, pas de doute; mais ceux qui violèrent à son égard la capitulation de Paris furent plus *traîtres* que lui.

le firmament et laisse le faible oiseau, qui ne peut s'élever au-dessus de la moyenne région, ébahi de sa gloire, contempler d'un œil mourant le vol audacieux de celui qui jadis fut son compagnon et un moment son ami.

NOTES.

NOTE I.

Le mal que M. de Villèle a fait à la France est affreux, et le tort qu'il a fait au roi, incalculable. On ne saurait nier que, dans la région des finances, ce ministre n'ait apparu comme un météore lumineux, plus propre à incendier qu'à éclairer, qu'à chauffer d'une manière salutaire. — M. de Villèle n'était point étranger à la science des finances : il possédait éminemment la matière ; il était fort calculateur, mais au fond, tout en chiffrant avec la plus grande facilité, en appuyant de belles combinaisons sur des théories plus brillantes encore, c'était un sophiste. Comme il voyait faux, ses conclusions n'étaient pas justes. Ses résultats furent absurdes, parce que ses principes étaient erronnés. Voyant le crédit public prendre un mouvement d'ascension prodigieux, monter pour ainsi dire au troisième ciel (jamais on n'avait vu la rente aussi élevée), un projet, qui séduisit M. de Villèle, mais qui n'était qu'une idée malencontreuse et une véritable gaucherie, ce fut de songer à réaliser. Si tant est qu'il eût voulu employer ce moyen pour liquider la dette et remuer une aussi hasardeuse question, au lieu de saisir le moment où la rente allait atteindre 110, il était de l'habileté consommée de temporiser jusqu'à ce qu'elle eût pu s'élever à 115, où probablement elle fût arrivée. A l'idée de la réalisation jetée dans le public, c'est-à-dire de payer comptant au pair ou de fixer la rente à 4 pour o/o, naturellement il en devait résulter une oscillation rétrograde sur les fonds. Il fallait donc que cette marge fût assez large pour qu'après ce mouvement la rente restât encore suffisamment élevée, et pour qu'ainsi les propriétaires pussent consentir à de nouvelles inscriptions au Grand-Livre ou bien au rembours en espèces. Mais par cela même que le gouvernement ne pouvait raisonnablement se charger de la rente à un taux si haut, l'affaire dut être manquée comme effectivement elle l'a été. Bref, ce fut un homme à systèmes : aussi rien de ce qu'il voulut entreprendre n'a tenu. Ajoutez à l'impossibilité de l'exécution de ses vues l'impertinence de ses budgets, l'insolence de ses manières hautaines, et l'on verra, comment, sans s'en douter M. de Villèle a préparé et pour ainsi dire posé les fondemens du ministère Polignac, qui a été plus loin encore.

NOTE II.

On se souvient qu'au commencement de la restauration, Louis XVIII, à qui il importait de se concilier l'affection de MM. de Rotschild pour de grandes opérations de finances que projetait le gouvernement, engagea, à l'occasion d'un bal, S. A. R. Mme la duchesse de Berry à danser avec le cadet des frères. Sentant l'importance des raisons alléguées, elle ne fit aucune difficulté..... A la vue de ce couple défilant devant elle, ce fut la première et seule fois, depuis son retour en France, qu'une expression d'hilarité se répandit sur la figure de Mme la duchesse d'Angoulême ; quelque chose de terrible s'y faisait remarquer ; le passé, le présent, l'avenir, s'y lisaient à la fois. Cette aventure de bal n'est point rapportée pour y jeter le moindre ridicule, mais comme un de ces rapprochemens piquans que peut amener par fois le bien de la chose publique.

Il est dans les annales de la France un autre exemple de même nature qui vient à l'appui de celui-ci : il a trait à Louis XIV, qui, comme l'on sait, se connaissait en convenances, et qui, pour tout l'or du Potose, ne se fût permis la moindre chose qui eût porté atteinte à la dignité royale. Dans la détresse épouvantable où se trouvait la France en 1710, « Je ne sais qu'un seul moyen, dit le ministre des « finances, de remplir le vide des caisses de l'Etat; c'est que « Votre Majesté veuille bien condescendre à donner quelque « marque de faveur à Samuel Bernard : c'est le seul homme, « après Dieu, qui puisse nous tirer d'affaires.—J'y consens, « dit le roi; qu'on l'avertisse : il vient. Monsieur Bernard, dit « le roi, vous venez rarement à Versailles; vous ne connais- « sez pas tous les changemens qui ont eu lieu; vous ne serez « pas fâché de les voir... » Le monarque le fait monter à côté de lui dans sa calèche. Bref, il le captiva tellement par sa séduisante affabilité, qu'au retour de la promenade, le bon- homme s'écria : « Je souscris à tout. » Le soir, pour le com- bler, on l'admit au jeu de la reine : il ne fit pas précisément la partie de Sa Majesté, mais on lui en donna une extrême- ment honorable. Les courtisans avaient brigué l'hon- neur de jouer avec lui. Il perdit noblement : il était venu pour perdre; et longues années [après il parlait avec ravis- sement du plaisir qu'il avait éprouvé en cette journée.

NOTE III.

Je n'admets guère les flammes et les braises de l'enfer, qui, dit-on, doivent à jamais consumer le coupable. Toute-

fois, en prenant un moment la chose au positif, et considérant que si Catherine II, Marie-Thérèse et Fréderic II,
n'eussent pas consommé le premier partage de la Pologne,
qui a entraîné le second, et définitivement la ruine totale et
récente de ce pays; considérant que ce qui a rendu cette
dernière catastrophe irréparable, c'est que Napoléon eut la
basse arrière-pensée de se défier de la générosité de ce brave
peuple, à qui il avait fait espérer sa *résurrection;* considérant tout cela, et supposant un instant que ces souverains
sont où ils *ont mérité d'être,* j'opine pour que dès ce moment on redouble de brandons sous leurs chaudières. Mais
j'ai tort de m'arrêter à cette idée, à la fois trop grave et trop
légère. Certes si l'on peut rire de l'enfer, des Polonais
jamais !!!

Il semble qu'il soit dans la destinée de la malheureuse
Pologne d'avoir toujours à se plaindre de la France, qui,
jusqu'à un certain point, paraît toujours lui vouloir du bien.
Ceux qui ont lu l'histoire de France et de Pologne savent
comment ce peuple héroïque fut cruellement joué par
Henri III. (1574.)

En 1683, les Polonais, oublieux du tour que leur avait
joué Henri III, et toujours portés d'inclination pour la
France et ses princes, déférèrent la couronne à François-
Louis, prince de Conti. Sans doute que Louis XIV ne put
qu'être flatté de cette marque de déférence pour un prince
de son sang; mais, chagrin de voir que le peuple idolâtrait
le petit-fils du grand Condé et ne faisait que médiocrement
cas de ses propres enfans, il était tout prêt à se consoler si le
projet du prince venait à avorter, ce qui ne manqua pas
d'arriver par des intrigues de cour venues à la traverse. —
De semblables circonstances se reproduisirent à l'égard de
Stanislas Leckzensky lorsqu'il se présenta la seconde fois
pour obtenir la couronne de Pologne : pendant que le mi-

nistère tergiversait, économisait, des momens irréparables furent perdus et l'affaire échoua.

Le premier partage de la Pologne ayant eu lieu au moment où le duc d'Aiguillon était à la tête des affaires, la saine politique eût exigé que le cabinet de Versailles s'y fût opposé. Avoir négligé une démarche si impérieusement prescrite sera pour ce ministère ou *président des ministres* un éternel sujet de reproches. A l'époque où Kosciuzko tenta la délivrance de sa patrie, les Français, occupés chez eux à une œuvre tout aussi hérissée de difficultés ne purent, à leur grand regret, lui accorder que des vœux impuissans.

Que dire de la conduite de Bonaparte envers la Pologne? que ce fut le plus pur machiavélisme.

Une particularité remarquable qu'on y trouve, c'est un point de contact avec Charles X lorsqu'il n'était que comte d'Artois. De même que celui-ci empêcha M. Necker de confondre son calomniateur (Bourboulon*) qui prétendait, dans un manuscrit, que les résultats donnés par le ministre dans son compte rendu étaient erronnés et faux; de même aussi Bonaparte empêcha-t-il d'autorité Kosciuzko de se justifier dans un point où il y allait de tout son honneur de donner à ses compatriotes des preuves irrécusables de son innocence.

Le ministère de 1831 s'est montré aussi pusillanime, aussi plat, aussi immoral que celui de 1773. On n'aurait pas dû s'attendre à ce que MM. Perrier et Sébastiani eussent rappelé la détestable clique des derniers temps de Louis XV, le duc d'Aiguillon et l'abbé Terray. Cela prouve bien que rien n'est nouveau sous le soleil.

* Voir Mém. de Marmontel, page 3o3 et suiv., tome III.

Un morceau curieux que nous ajoutons ici, et qui n'a d'autre con-
nexion avec ce qui précède que le sujet même de l'*Indignation* et les
conséquences morales qui en découlent, en est un inédit de J. J.
Rousseau.

Le possesseur de l'original, qu'il n'a jamais voulu céder pour l'a-
jouter à aucune des nombreuses éditions de cet auteur, a bien voulu
nous en faire part pour rehausser le mérite de cet opuscule. Ce pourrait donc bien encore une fois être le cas de dire que la *note* vaut
bien le *texte*.

Depuis nombre d'années, Mme la maréchale de
Luxembourg* était liée d'amitié avec M. de Paulmy
d'Argenson. Un jour elle apprend que la disgrâce
de cet homme estimable est due à la révélation du
secret d'une lettre, que M. Berryer, lieutenant de po-
lice de Paris, avait interceptée et apportée au roi
pour l'amuser**. Mme de Pompadour, s'y trouvant
fort compromise, et en ayant eu connaissance, exigea

---

* Madelaine-Angélique de Neufville-Villeroi, maréchale, duchesse de Luxembourg, petite fille du maréchal de Villeroi, et fille
du duc de ce nom, naquit en 1707, épousa en premières noces
(1721) le duc de Boufflers, et mourut en janvier 1787.

** La violation du secret des lettres était, comme l'on sait, un des
fades et immoraux plaisirs de cet immoral et fade monarque. — Ce
fut ainsi que M. Berryer contribua à la disgrâce de M. d'Argenson,
par la révélation d'une lettre écrite à la comtesse d'Estrade, où
madame de Pompadour était maltraitée, et le roi peu ménagé. Voir
Biogr. univ. tom. iv, pag. 543.

le sacrifice de ce fidèle serviteur de S. M. que la faiblesse du roi ne put lui refuser. Peu après avoir appris cette nouvelle, Mme de Luxembourg rencontra M. Berryer dans une société, et, ne pouvant demeurer maîtresse de son *indignation*, elle l'accabla de ses hauteurs et de son mépris. Revenue toutefois à des sentimens plus modérés, et s'étant fait scrupule de l'espèce de sortie qu'elle s'était permise contre ce vil agent du pouvoir, elle en écrivit, pour s'en accuser, à Rousseau, qui répondit :

« Non, Madame, on ne souffre point de l'indignation, on n'est point vrai avec soi-même lorsqu'on le prétend, on s'abuse étrangement comme sur bien d'autres choses, je soutiendrai toujours que de son indignation on en jouit. Né pour la vertu, l'homme la savoure; on n'en est point rongé. Il est des sentimens qui rongent, d'autres qui ne font qu'agiter. Tous les sentimens violens et immoraux (c'est une vérité reconnue) sont corrosifs, ils travaillent en dedans celui qui les éprouve; ce sont des malfaiteurs qui s'efforcent à démolir la prison qui les retient captifs, et dont le séjour leur est insupportable; au contraire les sentimens nobles, généreux, moraux, en un mot, entretiennent la vie morale, et même augmentent la vie physique, comme la flamme éthérée entretient et augmente la chaleur naturelle des corps. On est rongé par l'envie, Madame; eh! qui doit le savoir mieux que vous, qui l'avez souvent excitée dans cette brillante cour dont vous faites l'ornement, et où vous n'auriez jamais dû avoir excité que des sentimens dignes de vous! On est rongé encore par la jalousie, par la haine; une fois livré à ces affreuses passions, les progrès destructeurs du vert-de-gris vous couvrent le cœur; un accès immodéré de colère nous foudroie intérieurement, et l'amour, qui semblerait n'avoir été créé que pour le bonheur de l'homme, l'amour même, porté à l'excès, rend furieux ou imbécille. Quoique cela puisse nous humilier quelquefois, il est de fait que nous n'avons point été formés pour les extrêmes, j'en excepte l'indignation... L'*indignation*, de tous les sentimens, le plus noble que puisse éprouver l'homme, le plus sublime dont la créature intelligente puisse être ébranlée, l'indignation est un vent impétueux qui ne déchire point la voile, mais qui pousse le navire dans le port.

Sans s'occuper précisément de soi-même, on s'estime pendant qu'on est indigné, je dis plus, on s'aime, on s'approuve pendant qu'on est fortement indigné. Et pourquoi s'aime-t-on, pourquoi s'estime-t-on ainsi pendant qu'on s'indigne? C'est que cette modification même de nos affections morales procède des regrets les plus purs, les plus vertueux; c'est que cette émotion soudaine s'allie aux projets les plus généreux que le cœur puisse former sur cette terre... Ah! croyez-moi, Madame, mais croyez-en bien plus encore votre propre conviction. Vous avez lu l'histoire avec fruit; ni l'un ni l'autre Brutus n'a été malheureux un seul instant; on peut le dire avec certitude, ils ne vécurent que pour l'*indignation*. Mais que fais-je de rappeler ici ces illustres Romains qui honorèrent l'humanité, et qui, après tout, ne furent que des hommes! Ouvrez nos LIVRES SAINTS (un prêtre vous en a permis la lecture, un philosophe ne vous l'interdira point), qu'y trouverez-vous? Dieu qui s'indigne, et contre qui? Est-ce contre ceux qu'on opprime et qui sont victimes? Non, Madame, c'est contre leurs chefs, c'est contre leurs maîtres, c'est contre les rois idolâtres du pouvoir absolu, c'est contre ces monarques qui prétendent être la *vivante image* de la Divinité, et qui sans cesse la déshonorent et l'outragent, tantôt par eux-mêmes, tantôt par les ministres de leurs volontés. Oui! DIEU S'INDIGNE parce qu'il est pur, parce qu'il est saint. N'éprouvez jamais rien de plus coupable, et je vous féliciterai.

J'espère, madame la maréchale (et croyez que je forme un vœu bien raisonnable pour votre bonheur), que jamais vous n'aurez rien de plus grave à vous reprocher que le mouvement d'indignation dont vous me rendez compte à l'égard de ce ministre prévaricateur et sur lequel vous vous faites scrupule. Faites-vous des scrupules de tout, j'y consens; mais pour ce beau mouvement, ne me le reprenez pas, il vous fait trop honneur; bien loin de vous blâmer de l'avoir éprouvé, je vous en félicite, et, puisque vous voulez mon avis sur une matière aussi importante, je vous dirai, avec la franchise que vous méritez et que vous m'avez inspirée dès la première entrevue, que je vous en aime et estime davantage pour avoir su le ressentir; je vous dois de la reconnaissance de cette découverte. Il n'est pas ordinaire aux femmes de votre rang de sentir s'allumer cette noble colère à l'aspect du vice. Oui! je vous en aime et estime davantage! On répondra que mon estime, mon affection, sont peu de chose (c'est une opinion où l'on aura prévenu la mienne); mais chacun donne ce qu'il a, et un homme de la campagne qui, dans un langage uniforme et rustique, mais avec un cœur pur et sincère, s'agenouille devant Notre-Dame-des-Bois, y prononce une prière pleine d'amour, de ferveur et de confiance, vaut bien, je pense, le froid panégyriste qui compasse en phrases cadencées un éloge académique de la sainte Vierge, à laquelle il ne croit point, et qu'il ne célèbre que parce que le feuillet de son calendrier l'y oblige.

(2 juin 1758.)

AVIS IMPORTANT.

L'honnête Américain ne prévoyait pas, lorsque son écrit arrive-
rait parmi nous, qu'une calamité affreuse (le choléra) viendrait in-
terrompre une foule d'entreprises graves. Celles-ci ayant dû être
suspendues, il n'est pas surprenant que des bagatelles, des brochures aient dû participer au même retard : nous venons d'ailleurs de
recevoir l'ordre exprès de ne tirer celle-ci qu'à un millier d'exem-
plaires pour nos intimes amis.

A l'instant même où ces feuilles sont sous presse, nous apprenons
que M. Perrier vient de succomber à la suite d'une aliénation men-
tale. Plût à Dieu qu'il eût éprouvé cette catastrophe il y a un an ! la
générosité française, qui brûlait de se montrer, n'eût pas été entra-
vée, et la France, couverte de lauriers, eût vengé la Pologne !